Grimmelshausenschule

Schul-
eigentum
Rel 61b

Renchen

D1619025

mein bist du

Unterrichtsbuch für Katholische Religionslehre im 1. und 2. Schuljahr

Herausgegeben vom Bistum Rottenburg-Stuttgart

Erarbeitet von Ursula Bangert, Walter Kern, Ruth Mathey-Drumm, Marianne Vögler

Bilder von Andreas Felger

Verlag Katholisches Bibelwerk Stuttgart

Als Lernmittel für das Fach
Katholische Religionslehre an den Grundschulen
des Landes Baden-Württemberg zugelassen.

1. Auflage ⁶⁵⁴³²¹ */2000 99 98 97 96*
Die letzten Ziffern bezeichnen Zahl und Jahr des Druckes

ISBN 3-460-32100-8

Alle Rechte vorbehalten
© 1996
Verlag Katholisches Bibelwerk GmbH, Stuttgart

Buchdesign:
Albert Müllenborn. Büro für Gestaltung, Wülfrath
Filmbelichtung:
Zerres-Satz, Leverkusen
Reproduktionen:
Kittel Systemrepro, Reutlingen
Druck:
Grafische Werkstätte der Gustav Werner Stiftung, Reutlingen
Buchbindearbeiten:
Realwerk G. Lachenmaier, Reutlingen

Sehen lernen
Wie wir beten können

Wie wir beten können
Hören lernen

*Jeder Mensch
ist einmalig und wertvoll –
miteinander erleben wir die Schule*

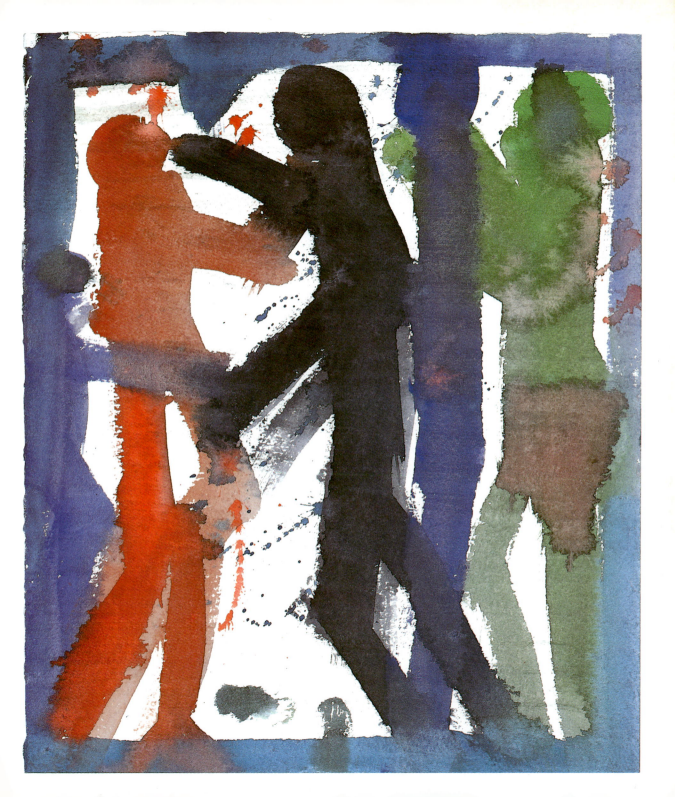

EVA

*Meine Schwester Eva ist zwölf Jahre alt.
Sie ist ein schwer behindertes Kind. Sie
besucht eine Clara-Fey-Schule, das ist
eine Spezialschule.*

*Wenn ich Aufgaben mache, schläft
meine Schwester meistens. Aber eines
Tages wachte sie früh auf und kam in
mein Zimmer gelaufen. Sie schrie und
schimpfte, tobte und riß mich an den
Haaren. Ich stand auf, machte ein
finsteres Gesicht und riß sie zurück.
Meine Mutter kam und hatte Mühe, Eva
mit in ihr Zimmer zu nehmen.*

*So ist es manchmal schwierig mit Eva,
und ich bin mir nicht sicher, ob sie das
absichtlich macht.*

Irene, 9 Jahre

*Lieber Gott,
es gibt vieles, was ich kann,
und vieles, was ich nicht kann.
Meine Freunde mag ich sehr,
andere Kinder weniger.
Du weißt, wie ich mich oft verhalte...
Halte mich bitte trotzdem fest!*

AM GRABEN

Werner und Fritz und Kurt und der
kleine Hans liefen durch einen Wald.
Sie kamen an einen Wassergraben, der
breit und tief war.
„Der ist aber breit!" sagte der kleine
Hans. „Wir müssen umkehren."
„Kommt nicht in Frage!" sagte Werner.
„Wenn er nicht zu lang ist, könnten wir
rechts oder links an ihm vorbei", meinte
der kleine Hans.
„Springen ist besser", sagte Kurt.
Er nahm einen Anlauf – schon war er
drüben.
Fritz nahm einen Anlauf – schon war er
drüben.
Am leichtesten kam Werner hinüber.
Er war der Größte.
„Spring doch!" riefen die drei von
drüben.
Der kleine Hans aber traute sich nicht.
Er war der Kleinste.
Da sagte Fritz: „Wenn der Graben nicht
so breit wär' – kämst du dann hinüber?"
„Dann natürlich", sagte der kleine
Hans.
Und Fritz stellte gleich einen Fuß an den
Grabenrand, streckte eine Hand weit
entgegen und sagte: „Hier – meine
Hand ist der Rand!"

Und der kleine Hans schaute nur auf die
Hand und dachte: ‚Die ist ja gar nicht
weit weg', und nahm einen Anlauf,
und schon war er drüben.
Fritz sagte: „Du warst besser als wir.
Und meine Hand hast du gar nicht
gebraucht!"
Dann liefen sie weiter, und der
kleine Hans dachte: ‚Eines weiß ich
bestimmt – daß Fritz mein Freund ist.'

1. Ich ge-be dir die Hän-de und schau' dir ins Ge-sicht. Daß wir so ganz ver-schie-den sind, das stört uns wirk-lich nicht. Ich ge-be dir die Hän-de, da kann es je-der seh'n, daß du und ich, daß ich und du, daß wir uns gut ver-steh'n.

Refrain

La, la, la, la, la, la, la, la, la, la, la, la, la, la, la, la, la, la, la, la, la, la, la.

2. Wir bauen eine Brücke von Mensch zum Menschen dann, mit Liebe und mit Zuversicht vertraue dich mir an! Wir halten uns die Hände und woll'n die Brücke bau'n, daß du und ich, daß ich und du einander stets vertrau'n.

3. So stark wird diese Brücke von Mensch zum Menschen sein. Und wenn wir fest zusammen-steh'n, dann stürzt sie niemals ein. Wir halten uns die Hände und woll'n die Brücke bau'n, daß du und ich, daß ich und du einander stets vertrau'n.

Wie du mir, so ich dir!

Das Gigelchen stürmt zur Tür herein, verschwitzt und knallrot im Gesicht vor Aufregung. „Papa", schreit es, „endlich ist der Gerhard verdroschen worden! Zwei Buben haben ihm aufgelauert, und jetzt ist sein Fahrrad kaputt, er ist in den Bach gefallen und heimgerannt!"
„Und was ist daran so lustig?"
Das Gigelchen sieht den Vater verdutzt an. „Weißt du", beginnt es, „das war so. Unten am Bach steht ein Holzhaus, und dorthin sind wir Mädchen immer gegangen. Der Gerhard hat aber auch immer hineinwollen und gesagt, wenn er uns noch einmal drinnen erwischt, haut er uns. Und jetzt ist er selbst verdroschen worden. Und das ist ihm auch ganz recht geschehen. Jetzt können wir endlich in Ruhe in der Hütte spielen."
Am nächsten Nachmittag kommt das Gigelchen traurig nach Hause. „Papa", klagt es, „jetzt dürfen wir auch nicht mehr in die Hütte. Die Großen sind gekommen und haben gesagt, daß wir dort gar nichts verloren haben."
„Und was ist mit Gerhard?" „Heute vormittag ist er zu mir gekommen und hat gesagt, daß er sich an uns rächen wird..."

Lk 6,31 Goldene Regel:

„Was ihr von anderen erwartet, das tut auch ihnen."

Friedensfest

In der 1 a schweben wunderschöne Frie-
denstauben aus weißem Papier vor den
Fenstern. Jedes Kind hat eine
gebastelt.

An der Fensterwand hängen Friedens-
geschichten und Friedensbilder. Die
sind wunderschön. Auf der Tafel steht:

Friede

Peace

Pace

Paix

Shalom

Mir

Bariš

Die Tür geht auf. Klaus kommt herein.
Der Klaus aus der 1 b. Mit ihm kommt
ein Windstoß, weil ein Gangfenster und
ein Klassenfenster offen sind. Die Frie-
denstauben beginnen zu schwanken.
Die dünnen Fäden verheddern sich.
„Tür zu!" schreit einer. Klaus steht und
schaut. „Tür zu!" Klaus guckt noch ver-
wirrter und tut nichts.

Florian schiebt ihn zur Seite und knallt
die Tür zu. Klaus stupst Florian. Florian
stupst Klaus. Ein paar Kinder versu-
chen, die Tauben zu entwirren. Eine
Papiertaube reißt ein, dann eine zweite
und eine dritte.

Harry geht auf Klaus zu. Seine Daumen
stecken im Gürtel. Er ist ziemlich zornig.
Klaus hebt die Ellbogen vors Gesicht.
„Was habt ihr denn?" fragt er.
„Wir machen Frieden, du Trottel!" brüllt
Harry.

SPUREN IM SAND

*Ein Mann hatte eines Nachts einen
Traum. Er träumte, daß er mit Gott am
Strand entlang spazierenging. Am Himmel zogen Szenen aus seinem Leben
vorbei, und für jede Szene waren Spuren im Sand zu sehen.*

*Als er auf die Fußspuren im Sand
zurückblickte, sah er, daß manchmal
nur eine da war. Er bemerkte weiter,
daß dies zu Zeiten größter Not und
Traurigkeit in seinem Leben so war.*

*Deshalb fragte er den Herrn: „Herr, ich
habe bemerkt, daß zu den traurigsten
Zeiten meines Lebens nur eine Fußspur
zu sehen ist. Du hast aber versprochen,
stets bei mir zu sein. Ich verstehe nicht,
warum du mich da, wo ich dich am
nötigsten brauchte, allein gelassen
hast."*

*Da antwortete ihm der Herr. „Mein lie-
bes, teures Kind. Ich liebe dich und
würde dich niemals verlassen. In den
Tagen, wo du am meisten gelitten hast
und mich am nötigsten brauchtest, da,
wo du nur die eine Fußspur siehst, das
war an den Tagen, wo ich dich getragen
habe."*

13

Durch Jesus erfahren wir
von der Liebe Gottes

Ihr wißt, was nach der Taufe,
die Johannes predigte, in ganz Judäa
geschehen ist:

Gott salbte Jesus von Nazaret mit dem
Heiligen Geist und mit Kraft. Jesus zog
von Galiläa aus umher, tat Gutes und
heilte; denn Gott war mit ihm.

Jesus sucht sich Freunde

Jesus ging am See Gennesaret entlang.
Dort sah er Simon und dessen Bruder
Andreas. Sie waren Fischer und warfen
ihre Netze aus. Jesus rief sie, und sie
folgten ihm nach.

Auch die Fischer Jakobus und Johannes
wurden seine Jünger.
Diese und andere Freunde zogen mit
ihm von Ort zu Ort. Jesus verkündete
die frohe Botschaft.
Auch Frauen gingen mit Jesus: Maria
von Magdala, Johanna und Susanna.
Sie waren von ihm geheilt worden.

Je sus, komm und geh mit mir den wei - ten Weg durchs Le - ben.
NN, komm und geh mit mir den wei - ten Weg durchs Le - ben.
Al - le, kommt und geht mit mir den wei - ten Weg durchs Le - ben.
Je - sus, komm und geh mit mir den wei - ten Weg durchs Le - ben.

Wie lebte man
vor 2000 Jahren in Israel?

*Die Juden und ihr Land, das heute
Israel heißt, wurden von den Römern
unterdrückt.
Die Sprache der Juden war aramäisch.
Die Bevölkerung war zum großen Teil
sehr arm. Viele Männer waren von Beruf
kleine Bauern, Fischer und Handwerker,
andere lebten vom Handel mit Waren.
Die Frauen sorgten sich um ihre Kinder,
erledigten den Haushalt und kümmer-
ten sich um die Haustiere. Sie halfen
auch bei der Feldarbeit mit. Ebenso
bereiteten sie die Feste vor.
Schriftgelehrte kannten die Gesetze und
Weisungen Gottes genau und legten sie
für das Volk aus.
Der Sabbat war der wöchentliche Feier-
tag der Juden. An ihm durften keine
Werktagsarbeiten verrichtet werden.
Die Leute gingen in die Synagoge, den
Gemeinderaum des Ortes, um zu beten
und die heiligen Schriften zu lesen.
So war der Sabbat für Gott und das
Gebet da und zugleich für die Erholung
der Menschen.*

*Das Hauptfest der Juden war das
Passahfest, das an den Auszug aus
Ägypten erinnerte.
In Jerusalem stand der Tempel.
Dort beteten Männer und Frauen,
während die Priester Opfer darbrachten.*

JESUS HEILT EINEN TAUBSTUMMEN

Ef - fa - ta, öff - ne dich, spricht dich Je - sus an.

1. Wenn dei - ne Oh - ren of - fen sind, fängst du zu le - ben an.

Wenn dei - ne Oh - ren of - fen sind, fängst du zu le - ben an.

2. Wenn deine Augen offen sind...
3. Wenn deine Hände offen sind...
4. Wenn du dein Herz (Haus) geöffnet hast...
5. Wenn du dich geöffnet hast...

Jesus lässt die Kinder zu sich kommen und segnet sie

Menschen bringen Kinder zu Jesus.
Doch die Jünger weisen sie zurück.
Jesus aber sagt:
„Laßt die Kinder zu mir kommen,
denn für diese ist das Reich Gottes.
Wer das Reich Gottes nicht annimmt
wie ein Kind,
wird nicht hineingelangen.“
Dann nimmt er die Kinder in seine Arme
und segnet sie.

Bartimäus gehen die Augen auf

Jesus verläßt die Stadt Jericho.
Bartimäus, ein blinder Bettler sitzt am
Weg. Bartimäus ruft immer wieder:
„Jesus, erbarme dich und hilf mir!
Ich will wieder sehen!“

Jesus sagt: „Geh, dein Glaube hat dich
geheilt!“ Bartimäus sieht wieder und
folgt Jesus auf seinem Weg.

HOL DOCH DEINEN BRUDER AN DEN TISCH!

*Neue Mieter waren in unser Haus ein-
gezogen. Sie hatten auch einen Jungen.
Er war dunkelhaarig, blaß und still.*

*Seine Eltern waren oft nicht zu Hause,
aber keiner wußte, wovon sie lebten.*

*Eines Tages wurden seine Eltern von
der Polizei geholt. Der Junge war jetzt
allein.*

*Mutter wollte, daß ich ihn zum Essen
hole. Er wollte nicht kommen.*

*Vater schickte mich noch einmal:
„Geh noch einmal, hol deinen Bruder an
den Tisch."
Diesmal kam der Junge und aß Suppe
und Brot.*

*Meine Eltern fragten ihn vorsichtig nach
seinen Sorgen, und er begann zu
erzählen...*

DER BARMHERZIGE SAMARITER

Ein Gesetzeslehrer fragt Jesus:
„Wer ist mein Nächster?"
Da antwortet Jesus mit dieser
Geschichte:

„Ein Mann ging von Jerusalem nach
Jericho und wurde von Räubern über-
fallen. Sie zogen ihn aus, schlugen ihn
nieder und ließen ihn halbtot liegen.
Da kam ein Priester denselben Weg.
Er sah ihn und ging vorüber.
Auch ein Tempeldiener kam, sah ihn
und ging vorüber.
Zuletzt kam zu ihm ein Samariter, ein
Mann vom Nachbarvolk, das die Juden
nicht mochten.
Er sah ihn liegen, hatte Mitleid und
verband seine Wunden.
Dann hob er ihn auf sein Reittier,
brachte ihn zu einer Herberge und
sorgte für ihn."

Nun fragt Jesus: „Wer von diesen dreien
hat sich als der Nächste gezeigt?"

Der Gesetzeslehrer erwidert:
„Der ist der Nächste, der dem Überfalle-
nen geholfen hat."

Da sagt Jesus:
„Geh hin und handle
wie er!"

Jesus nennt Gott „ABBA". Das bedeutet: „VATER".
Auch wir dürfen vertrauensvoll zu Gott sprechen:

Vater unser *im Himmel,*
geheiligt werde dein Name.
Dein Reich komme.
Dein Wille geschehe,
wie im Himmel so auf Erden.
Unser tägliches Brot gib uns heute.
Und vergib uns unsere Schuld,
wie auch wir vergeben unseren Schuldigern.
Und führe uns nicht in Versuchung,
sondern erlöse uns von dem Bösen.
Denn dein ist das Reich und die Kraft
und die Herrlichkeit in Ewigkeit. Amen.

1. Brot in mei-ner Hand, ich brech' ein Stück-chen ab und
rei-che es dann dir. Auch du sollst wer-den satt.

Refrain

Brot, Brot, Brot kann stil-len Hun-gers-not.

Brot, Brot, Brot kann ret-ten vor dem Tod.

2. Brot in deiner Hand.
Du brichst ein Stückchen ab
und reichst es deinem Nachbarn,
auch er soll werden satt.

3. Brot in unsrer Hand.
Wir brechen davon ab
und reichen es dann weiter,
daß alle werden satt.

4. Wenn viele ihr Brot brechen
und teilen davon aus,
dann bricht auf dieser Erde
ein Stückchen Himmel aus.

Menschen zeigen die Liebe Gottes

2. Ihm ist so kalt. Er friert so sehr.
Wo kriegt er etwas Warmes her?
Er hört kein gutes Wort,
und jeder schickt ihn fort.
Er hört kein gutes Wort,
und jeder schickt ihn fort.

3. Der Hunger tut dem Mann so weh
und müde stapft er durch den Schnee.
Er hört kein gutes Wort,
und jeder schickt ihn fort.
Er hört kein gutes Wort,
und jeder schickt ihn fort.

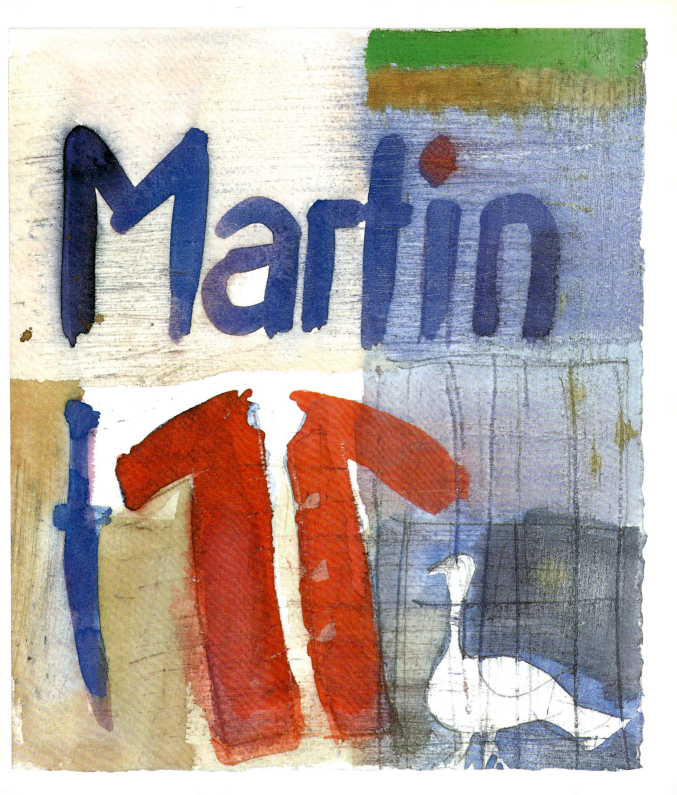

DAS ROSENWUNDER

Es sind uns von Elisabeth viele Legenden überliefert, die ihr Leben und Wirken beschreiben. Eine der schönsten ist die Geschichte vom Rosenwunder. Elisabeth hatte eines Tages gehört, daß eine Frau im Dorfe sehr arm und krank war. Ihre Kinder weinten vor Hunger. Da packte Elisabeth einen Korb mit Nahrungsmitteln, Brot und Früchten und machte sich auf den Weg, den Schloßberg hinab. Ludwig, ihr geliebter Mann, der sie in ihrer Sorge für die Armen gewähren ließ, war in den Krieg gezogen. Am Hofe herrschte ihr Schwager Heinrich, dem ihre Freigebigkeit schon lange mißfiel. Heinrich ritt ihr nach, als er sie den Schloßberg hinabsteigen sah. Er wollte ihr ein für alle Mal verbieten, aus der Schloßküche heimlich Brot und Wein fortzunehmen. „Guten Morgen, Schwägerin", rief er ihr zu, „wohin wollt Ihr denn so früh gehen?" „Ich will hinunter ins Dorf!" sagte Elisabeth leise. „Ihr tragt aber schwer, die Mägde sollten Euch helfen!" rief Heinrich mißbilligend. „Schlagt das Tuch zurück, was habt Ihr denn in Eurem Korb?" „Ach, Herr, Rosen trag ich, nur Rosen, Rosen!" sagte Elisabeth leise.

Sie reichte dem Landgrafen den Korb, und er schaute mit ungläubigem Staunen hinein. Ein süßer Duft wehte ihm aus dem Korb entgegen. Wirklich – schöne, dunkelrote Rosen leuchteten hervor. Da beugte Heinrich sein Haupt und sagte: „Geht nur weiter und verschenkt Eure Rosen, Schwägerin!" Beschämt ritt er in scharfem Galopp ins Schloß zurück. Elisabeth aber beschenkte die arme Frau mit ihren Speisen, mit Brot und Fleisch und Früchten vom Fürstenhof.

NIKOLAUSTAG

Wir feiern heute Sankt Nikolaus,
Bischof aus alter Zeit,
der da ging von Haus zu Haus
zum Helfen stets bereit.

Hier gab er das nöt'ge Geld,
dort ein tröstend Wort;
obwohl er nicht dazu bestellt,
fand er der Sorgen Ort.

Er sah mit seinem Herzen gut,
wie Jesus einst getan.
Schenkt vielen Menschen neuen Mut:
da fing das Leben an.

Wer mit dem Nächsten teilen kann
sein Brot und seine Zeit,
wird leben wie der heil'ge Mann,
sein Freund sein allezeit.

So feiern wir von Herzen heut
dich, guter Nikolaus.
Und wandern wird die große Freud'
von dir zu jedem Haus.

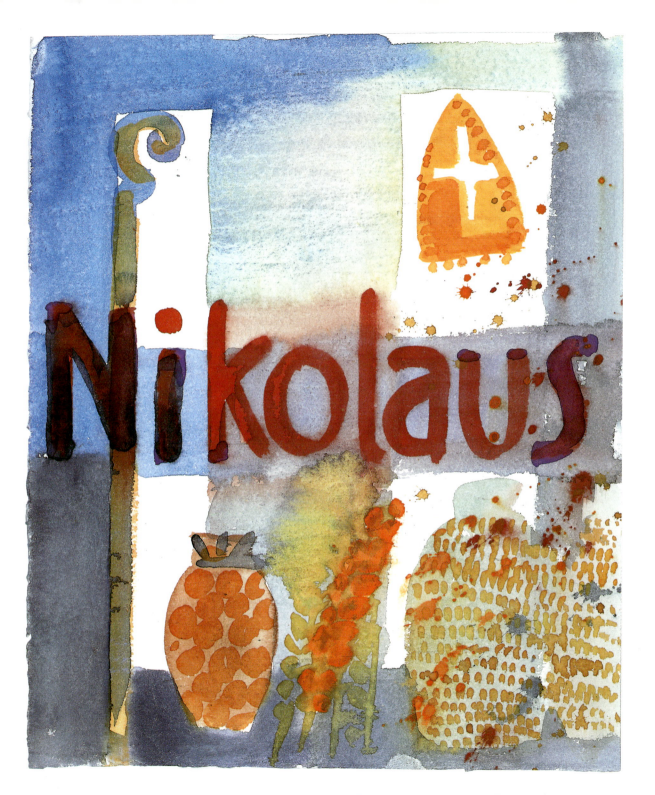

Gott, du hast uns Au - gen ge - ge - ben: laß uns den an - dern se - hen!

Gott, du hast uns Oh - ren ge - ge - ben: laß uns den an - dern hö - ren!

Gott, du hast uns Hän - de ge - ge - ben: laß uns den an - dern hel - fen!

Gott, du hast uns Fü - ße ge - ge - ben, laß uns zum an - dern ge - hen!

HELFEN IST WICHTIGER...

*„Ich sage dir zum letzten Mal, daß du
sofort nach der Schule nach Hause
kommst", sagte meine Mutter. „Ständig
muß ich mich ärgern und bin in Sorge!"
Markus ist mein bester Freund. Wir
müssen uns einfach nach der Schule
erholen. Immer hackt Herr Feix auf Markus herum, nur weil er im Sport nicht so
gut ist. Kein Wunder, wenn wir nach der
Schule immer trödeln und alles bespre-
chen müssen. Aber seit dem letzten Mal
ist Mutter so zornig, daß ich jetzt richtig
Angst vor ihr habe. Also werde ich diesmal pünktlich nach Hause gehen.
Heute hatten wir wieder Sport.
„Markus, du wirst uns jetzt einmal an
den Ringen etwas vorturnen", sagte
Herr Feix.
Markus ging zu den Ringen, versuchte
Anlauf zu nehmen, stolperte dabei und
fiel hin.
Markus, den Tränen nahe, verbiß sich
den Schmerz.
„Na, hast du dir wehgetan?" fragte Herr
Feix.
„Nein", sagte Markus. Aber ich merkte,
daß er hinkte.*

*Es läutete, Gott sei Dank.
Markus wurde immer weißer im
Gesicht, obwohl er den Schmerz zu
unterdrücken versuchte.
„Ich bringe dich nach Hause", sagte ich.
Soll ich Markus nach Hause bringen,
dachte ich, aber dann komme ich ja
wieder nicht pünktlich nach Hause...*

Advent und Weihnachten feiern

Es ist Nacht.
Es ist kalt.
Pedro und Felicitas sind allein.
Pedro friert.

Die Nächte sind jetzt kalt,
aber Pedro und Felicitas
haben kein Haus,
sie leben am Rande der Stadt
in einer Blechbaracke.
Felicitas gibt Pedro eine Decke.
Jetzt hat sie selbst keine mehr.
Sie rücken zusammen.
Es ist kalt.
Es ist dunkel.

Klaus liegt im Bett.
Sein Fuß tut weh.
Er kann ihn nicht bewegen.
Ein dicker Gips macht ihn steif und
schwer.
Klaus liegt im Krankenhaus.
Er ist mit vielen fremden Kindern
zusammen.
Und trotzdem –
Klaus fühlt sich einsam.
Mutter!
Klaus ruft.
Aber Mutter kommt nicht,
eine Schwester kommt.
Sie nimmt seine Hand.
Sie streichelt über seinen Kopf.

Gott schickt immer wieder Menschen,
die helfen,
die trösten,
die von ihm erzählen.

Gott schickt Propheten,
die sagen:
Gott hat dich nicht vergessen.
Gott ist bei dir.
Gott hat dich lieb.

Einer heißt Jesaja.
Gott schickt Jesaja:
Geh, sag den Menschen,
ich komme zu ihnen.
Und Jesaja erzählt:

Ein helles Licht wird im Dunkeln
aufleuchten.
Das Licht ist stärker
als Angst und Leid,
als Krieg und Not.

Alle, die traurig sind, werden froh.
Alle, die verzweifelt sind,
werden getröstet.
Alle, die unglücklich sind,
werden glücklich.
Alle dürfen sich freuen.
Alle dürfen warten und hoffen.

Es wird ein Kind geboren werden.
Gott schickt seinen eigenen Sohn.
Das Kind wird heranwachsen.

Es wird ein mächtiger König sein.
Ein König des Friedens.
Ein König der Freude.
Dieser König wird mächtiger sein
als alle Könige der Welt.
Dieser König ist stärker
als der Krieg und der Tod.
In seinem Reich
wird immer Friede sein.

DER RETTER WIRD GEBOREN

In jenen Tagen zogen Maria und Josef nach Betlehem. Dort mußten sie sich aufschreiben lassen. Für Maria kam die Zeit der Geburt. Sie gebar ihren Sohn, wickelte ihn in Windeln und legte ihn in eine Krippe.

In der Gegend hielten Hirten Nachtwache bei ihrer Herde. Der Engel des Herrn trat zu ihnen, und der Glanz des Herrn umstrahlte sie. Und der Engel sprach: „Fürchtet euch nicht! Ich verkünde euch eine große Freude. Heute ist euch der Retter geboren, er ist der Messias, der Herr.

Ehre sei Gott in der Höhe und Friede auf Erden den Menschen seiner Gnade."

DIE WEISEN HULDIGEN DEM RETTER

*Jesus wurde in den Tagen des Königs
Herodes in Betlehem geboren.
Da kamen Weise aus dem Osten nach
Jerusalem und fragten: „Wo ist der neu-
geborene König der Juden?
Wir wollen ihm huldigen. Wir haben
seinen Stern gesehen."*

*Herodes erschrak. Er rief die Schriftge-
lehrten und fragte: „Wo ist der Messias
geboren?" Sie antworteten: „In Betlehem." Herodes sagte den Weisen:
„Geht nach Betlehem, sucht das Kind
und gebt mir Nachricht. Dann will auch
ich hingehen und ihm huldigen."*

*Die Weisen machten sich auf den Weg.
Und wieder sahen sie den Stern, und
ihre Freude war überaus groß.*

*Sie gingen in das Haus, fanden das
Kind mit Maria, seiner Mutter, fielen nie-
der und huldigten ihm. Sie holten ihre
Schätze hervor: Gold, Weihrauch und
Myrrhe.*

STERNSINGER AN DER TÜR

Kaspar: Wir grüßen dies Haus und wünschen euch allen
            von Herzen das göttliche Wohlgefallen.

Melchior: Christus möge im Haus wohnen,
            für jede Wohltat euch reich belohnen!

Balthasar: Er segne das Haus
            und die da gehen ein und aus.
            Die Liebe sei mächtig, der Herr soll euch führen.
            Das schreiben wir heute auf die Schwellen der Türen.

19 + C + M + B + 97

Christus **M**ansionem **B**enedicat
Christus segne dieses Haus, auch im Jahr 1997

Sternträger: Zuletzt, so ist es Brauch und Sitte,
                tret' ich hervor mit einer Bitte,
                wie es mein Amt von mir verlangt.
                Fürs Zuhören seid vielmals bedankt!
                Wir bitten euch – ihr wißt es schon –
                um Gaben für die Weltmission,
                drum öffnet willig eure Hände
                und gebt uns eine gute Spende! –

Alle: Christus, dem Herrn, habt ihr freundlich gegeben.
            Er lohne es euch mit dem ewigen Leben.
            Der Herr schenke euch ein gesegnetes Jahr,
            das wünschen: Kaspar, Melchior und Balthasar.

Josef erfährt:
Gott wendet zum Guten

Jakob ist Hirte und lebt mit seiner Familie in Kanaan. Von seinen zwölf Söhnen liebt er Josef am meisten. Ihm schenkt er sogar ein schönes Kleid. Deshalb sind die Brüder neidisch. Sie sprechen kein Wort mehr mit ihm.

Einmal hatte Josef einen besonderen Traum. Er erzählt: „Wir banden das reife Korn zu Garben. Da stellte sich mein Bund auf. Eure Garben verneigten sich vor meiner Garbe." Und noch einen Traum hatte Josef: Sonne, Mond und Sterne verneigten sich vor ihm.

Auch diesen Traum erzählt er. Die Brüder wundern sich: „Willst du vielleicht König über uns werden?"

Josefs Brüder weiden viele Tage lang die Herden ihres Vaters Jakob auf dem Feld. Eines Tages spricht dieser zu Josef: „Geh doch und schau, wie es deinen Brüdern und den Tieren geht."
Die Brüder sehen ihn von weitem kommen. Sie sagen: „Wir wollen ihn töten." Sie ziehen ihm das schöne Kleid aus und werfen ihn in einen leeren Brunnen.

43

Da kommen fremde Kaufleute vorbei.
Die Brüder verkaufen ihnen Josef.
Die Kaufleute nehmen ihn mit nach
Ägypten. Dann zerreißen die Brüder
Josefs Kleid, tauchen es in das Blut
einer Ziege und schicken es dem Vater.
Jakob schreit auf: „Ein wildes Tier hat
Josef gefressen." Keiner kann den Vater
trösten.

Als die Reisenden in Ägypten ankom-
men, verkaufen sie Josef an Potifar,
einen mächtigen Mann am Hof des
ägyptischen Pharao. Dieser sieht, daß
Gott alles, was Josef tut, glücken läßt.
Josef darf das große schöne Haus ver-
walten. Doch eines Tages will die Frau
des Potifar ihren Mann betrügen. Da
macht Josef nicht mit. Aber die Frau
erzählt Lügen über ihn. Den unschul-
digen Josef wirft man sogar ins
Gefängnis.

Pharao, der König von Ägypten, träumt
eines Nachts: Sieben fette Kühe weiden
am Nil, dann aber steigen sieben
magere Kühe aus dem Wasser und fres-
sen die sieben fetten. Er träumt noch
einmal: Sieben dicke Ähren wachsen
auf einem Halm. Danach kommen sieben dürre und verschlingen die dicken.
Was sollen diese Träume bedeuten?
Keiner kann es sagen.

Ein Diener des Pharao weiß, daß Josef
Träume deuten kann. Sie holen ihn aus
dem Gefängnis. Josef sagt: „Gott zeigt
dir im Traum, was kommen soll: Erst
kommen sieben Jahre mit guten Ernten.
Dann kommen sieben schlechte Jahre.
Da vertrocknet alles. In den sieben
fruchtbaren Jahren mußt du Korn sam-
meln lassen für die sieben unfruchtba-
ren." Der Pharao spricht: „In dir wohnt
Gottes Geist. Ich setze dich über das
ganze Land Ägypten als Herrscher ein."

45

Erst kommen die guten, dann die schlechten Jahre, so wie Josef es vorausgesagt hat. Auch im Lande Kanaan hungern die Menschen. Da spricht Jakob zu seinen Söhnen: „Geht und kauft Getreide in Ägypten." Die Brüder ziehen hin. Nur Benjamin bleibt zu Hause.

Die Brüder wissen nicht, daß Josef das Getreide verkauft. Sie verneigen sich vor ihm bis zur Erde. Doch sie erkennen ihn nicht, er aber weiß, wer sie sind. Josef prüft seine Brüder hart. Er spricht: „Spione seid ihr!" Sie sagen: „Nein, wir wollen Getreide kaufen." Josef läßt sie heimreisen.

Die Hungersnot dauert an. Das Getreide ist aufgebraucht. Wieder müssen die Brüder nach Ägypten. Auf Josefs Wunsch hin bringen sie den jüngsten Bruder, den Benjamin, mit.

Da kann sich Josef nicht mehr verstellen. Er spricht: „Ich bin Josef, euer Bruder. Lebt der Vater noch?" Die Brüder erschrecken. Josef aber beruhigt sie:

„Fürchtet euch nicht, ihr habt Böses geplant, Gott aber hat es zum Guten gewendet, um sein Volk zu retten." Josef läßt auch seinen Vater nach Ägypten kommen. Jakob umarmt seinen Sohn und spricht: „Gott segne dich und deine Söhne! Sie sollen sicher wohnen im Land und zahlreich sein wie die Fische im Wasser."

Guter Gott, ich danke dir, daß du mich auf meinem Weg beschützt und begleitest. Bitte stehe mir treu zur Seite, heute und immer.

Vorsänger:

1. Der Jo - sef hat viel mit - ge - macht, der Jo - sef hat es

weit ge - bracht. Der Jo - sef hat viel mit - ge - macht, er hat es weit ge - bracht.

Refrain

Alle:

Ja, Gott schützt ihn wun - der bar, jetzt wißt ihr, wie's mit Jo - sef war. Ja,

Gott, schützt ihn wun - der - bar, jetzt wißt ihr, wie es war.

2. Der Josef hat viel mitgemacht,
verkauft, ins fremde Land gebracht.
Der Josef hat viel mitgemacht,
ins fremde Land gebracht.

3. Man sperrt ihn ins Gefängnis ein,
doch Gott ließ niemals ihn allein.
Man sperrt ihn ins Gefängnis ein,
Gott ließ ihn nicht allein.

4. Ein angesehner, feiner Mann
war Josef in Ägypten dann.
Ein angesehner, feiner Mann,
das war der Josef dann.

5. Und als im Land herrscht Hungersnot,
gibt Josef jedem Korn für Brot.
Und als im Land herrscht Hungersnot,
gibt Josef Korn für Brot.

6. Auch seine Brüder kommen jetzt,
die ihn verkauft und schwer verletzt.
Auch seine Brüder kommen jetzt,
die ihn so schwer verletzt.

7. Doch Josef hat nicht rumgeschrien,
er hat den Brüdern bald verziehn.
Doch Josef hat nicht rumgeschrien,
er hat sehr bald verziehn.

ETWAS SCHRECKLICHES IST GESCHEHEN

Sonja kann es nicht glauben. Gestern abend war Kater Muck noch putzmunter. Raus wollte er, herumstreunen wie immer. Und dann ist es passiert. Er ist über die Straße gelaufen und unter ein Auto gekommen.

Mama weint. Sonja weint nicht. Da ist nur ein dicker, schwerer Klumpen in ihr.

Sie gehen in den Keller. Da liegt Muck. Sie begraben ihn im nahen Wäldchen.

Am Nachmittag kommt der Autofahrer. Sonja versteckt sich. Später liegt auf dem Tisch eine Stoffkatze, die hat ihr der Mann mitgebracht. Sonja will die Katze nicht. „Sei nicht ungerecht", sagt Papa sanft. „Der Fahrer konnte wirklich nichts machen. Muck ist ihm direkt ins Auto gerannt." Sonja nimmt die Katze und eine Sandschaufel. Sie buddelt etwas Erde von Mucks Grab und legt das Stofftier hinein. Als sie fertig ist, kommen die Tränen. Das tut weh, und das tut gut. Der Klumpen im Bauch wird ein bißchen kleiner.

Lieber Gott, himmlischer Vater,
du willst, daß wir das ewige Leben haben.

Tröste alle,
die um einen verstorbenen Menschen trauern.
Stärke sie in der Hoffnung,
daß der Tod kein Abschied für immer ist.
Hilf denen, die im Sterben liegen,
damit sie Vertrauen zu dir haben.
Nimm die Verstorbenen auf
und laß sie immer leben bei dir.

Darum bitten wir Dich.

DIE TÜR

Es war einmal ein Kind, das war ganz allein auf der Welt.
Es wanderte weit herum und hatte kein Zuhause.
Da kam es an eine große, schwere Tür.
Im Schloß steckte ein großer Schlüssel.
Das Kind nahm den Schlüssel und
drehte ihn mit aller Kraft um.
Langsam und mit leisem Knarren öffnete sich die Tür.
Was es wohl dahinter fand?

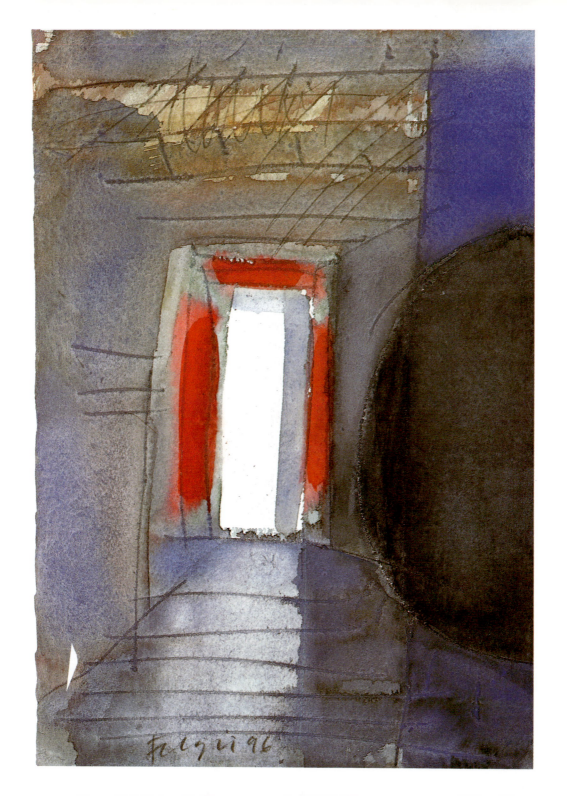

53

2. Jesus zieht... Seht, er kommt geritten, auf dem Esel sitzt der Herr. Hosianna...
3. Jesus zieht... Kommt und legt ihm Zweige von den Bäumen auf den Weg! Hosianna...
4. Jesus zieht... Kommt und breitet Kleider auf der Straße vor ihm aus! Hosianna...
5. Jesus zieht... Alle Leute rufen laut und loben Gott, den Herrn! Hosianna...
6. Jesus zieht... Kommt und laßt uns bitten – statt das „Kreuzige" zu schrein:
I: Komm, Herr Jesu, komm, Herr Jesu, komm, Herr Jesu, auch zu uns! :I

Jesus, du hast viel leiden müssen.
Wir bitten dich für alle, die viel leiden müssen.

Jesus, sie haben dich gefangen.
Wir bitten dich für alle, die im Gefängnis sind.

Jesus, sie haben dich verspottet.
Wir bitten dich für alle, die verspottet werden.

Jesus, sie haben dich geschlagen.
Wir bitten dich für alle, die geschlagen werden.

Jesus, du hast das Kreuz getragen.
Wir bitten dich für alle, die ein Kreuz ertragen.

Jesus, du bist am Kreuz gestorben.
Wir bitten dich für alle, die bald sterben werden.

OSTERN HÖRT NICHT AUF

Jesus ist auferstanden. Er lebt. Er ist bei
Gott. Das feiern wir an Ostern.
Wir singen: Halleluja. Das bedeutet:
Preiset Jahwe. Auch wir hoffen, daß wir
zu Gott kommen werden.

Die Osterkerze ist das erste Licht, das in
der Osternacht die Kirche erhellt.
Alle Kirchgänger entzünden ihre Kerze
an der Osterkerze, nehmen sie mit nach
Hause und tragen so das Licht in die
Welt.
Ostern hört nicht auf.
In der Feier der heiligen Messe denken
wir an Tod und Auferstehung Jesu.
So wird jeder Sonntag ein kleines
Osterfest.

Auch wir sind eingeladen mitzufeiern.

Komm, mach dich auf!

Maria, die Mutter Jesu

MUTTER

Ich bin oft allein zu Hause beim Auf-
gabenmachen, weil meine Mutter aus-
wärts arbeitet. Dann bin ich einsam und
wollte, sie säße bei mir. Ich bin sehr
traurig, wenn meine Mutter nicht da ist,
und ich vermisse ihre Zärtlichkeit, denn
ich sehe sie so selten während des
Tages.
Wenn sie kocht und im Haus arbeitet,
bin ich froh, weil sie in meiner Nähe ist,
aber wenn sie wieder weggeht, möchte
ich weinen. Der schönste Tag ist der
Sonntag, weil meine Eltern da zu Hause
sind.
Ich kann den ganzen Tag mit ihnen sein,
und die Liebe meiner Mutter macht
mich glücklich.

   Laura, 8 Jahre

V/A: Mutter Gottes, wir rufen zu dir.

Gegrüßet seist du,
Maria,
voll der Gnade,
der Herr ist mit dir.

Du bist gebenedeit
unter den Frauen,
und gebenedeit ist
die Frucht deines Leibes,
JESUS.

Heilige Maria, Mutter Gottes,
bitte für uns Sünder
jetzt und in der Stunde unseres Todes.

Amen.

MARIA UND DIE APOSTEL

Am Pfingstfest waren Maria und die Apostel zusammen. Da hörten sie plötzlich ein Brausen wie von einem Sturm. Zungen wie von Feuer sahen sie über sich.

Sie wurden vom Heiligen Geist erfüllt. Mit Mut und Kraft verkündigten sie: „Jesus ist auferstanden."

Und jeder hörte sie in seiner eigenen Sprache sprechen und verstand sie.

Es blitzt und donnert.
Es ist dunkel und furchtbar unheimlich.
Da habe ich richtig Angst.
Mein Herz klopft vor Aufregung.
Wenn doch jetzt jemand bei mir wäre!

Herr,
manchmal haben wir große Angst:
vor den großen Jungen aus der Nachbarschaft,
vor dem bissigen Hund von gegenüber,
vor dem Gang in den dunklen Keller,
vor den unheimlichen Geräuschen in der Nacht.
Auch Erwachsene haben Angst.
Alle Menschen haben Angst.
Doch du verstehst unsere Angst
und lachst nicht über uns.
Wir brauchen dich.
Beschütze uns vor dem Bösen
und hilf uns, die Angst zu überwinden.
Amen.

GOTT IST WIE EIN HIRTE ZU MIR, BEI IHM BIN ICH GEBORGEN

Der Herr ist mein Hir - te, Hal - le - lu -
ja, es wird mir nichts feh - len, Hal - le - lu - ja!

2. Er führt mich zur Weide –
Halleluja –
und zum frischen Wasser –
Halleluja!

3. Und ob ich schon wanderte
im finsteren Tal,
fürcht' ich doch kein Unglück –
Halleluja!

4. Denn du bist bei mir –
Halleluja –
dein Stab stützt und tröstet mich –
Halleluja!

5. Ich fürcht' keine Feinde –
Halleluja –
denn du hilfst mir siegen –
Halleluja!

6. Gutes und Barmherzigkeit –
Halleluja –
die werden mir folgen –
Halleluja!

7. Und so werd' ich bleiben
bei dir allezeit
in Jesu Namen,
in Ewigkeit!

Jesus zeigt:
Gott will das Heil der Welt

DIE SCHLÜSSEL ZUM HIMMEL

Es lebte einmal ein sehr reicher König. Der wollte auch die Schlüssel zu den Toren des Himmels besitzen; aber keiner konnte sie ihm bringen. Ein weiser Mann sagte ihm: „Alle Schätze der Erde kann man geschenkt bekommen, aber die Schlüssel zum Himmel muß jeder selbst suchen."

Und ein Engel gab ihm folgenden Rat: „Auf der Erde blühen viele tausend Himmelsschlüssel. Wenn du die richtigen drei findest, die nur zu deinen Füßen und für dich aufblühen, kannst du die Tore des Himmels aufschließen."

Aber nie blühte eine dieser Blumen vor seinen Füßen auf.

Da bettelte ihn eines Tages ein verwahrlostes Kind an. Gegen den Willen des Hofgesindes ließ er es in seinem Schloß leben. Da blühte zu seinen Füßen ein kleiner, goldener Himmelsschlüssel auf.

Jahre später begegnete er im Wald einem sehr kranken Wolf. Den pflegte er gesund. Da blühte ein zweiter goldener Himmelsschlüssel zu seinen Füßen auf.

Wieder vergingen Jahre. Da erblickte er am Wegrand eine kleine Pflanze, die nahe am Verdursten war. Der König aber holte Wasser, und die Pflanze begann wieder zu leben.

Da blühte der dritte Himmelsschlüssel zu des Königs Füßen auf, und die Tore des Himmels waren weit geöffnet.

WER WAR JESUS VON NAZARET?

In den Evangelien wird erzählt, daß Jesus vor etwa 2000 Jahren in Betlehem geboren wurde. In der Stadt Nazaret in Galiläa wuchs er auf. Später lebte und wirkte er in Kafarnaum, einem Dorf am See Gennesaret.

Das Land Israel wurde damals von den Römern unterdrückt. Viele Juden warteten dringend auf einen Retter, den Messias, der ihnen Befreiung bringen sollte.

Mit etwa 30 Jahren begegnete Jesus dem Johannes am Jordanfluß und ließ sich von ihm taufen. Danach begann Jesus, Jünger zu berufen und den Menschen vom Anbruch des Reiches Gottes zu erzählen.

Er wandte sich besonders denen zu, die niemand mochte. Kranke heilte er. Auf Menschen, die verachtet wurden, ging Jesus zu. Er gab ihnen das Gefühl, etwas wert zu sein. Das machte ihnen neuen Mut zu leben. So spürten die Menschen durch Jesus die Nähe Gottes.

Wo spüren wir etwas von der Nähe Gottes?

Mit dem Himmelreich
ist es wie mit einem Senfkorn.
Ein Mann sät es auf seinen Acker. Es ist
das kleinste von allen Samenkörnern.
Wenn es aber hochgewachsen ist, so ist
es größer als andere Gewächse. Es wird
zu einem Baum. Die Vögel des Himmels
kommen und nisten in seinen Zweigen.

Lieber Gott,
laß das Gottesreich wie ein kleines
Senfkorn sein, das in die Erde gelegt
und zu einem großen Baum wird.
Wie das Senfkorn soll es reifen
und wachsen.
Wenn Menschen, die traurig sind,
sich wieder freuen,
wenn Menschen, die verzweifelt sind,
wieder Hoffnung haben,
wenn Menschen, die sich streiten,
aufeinander zugehen,
dann spüren wir etwas
vom Reich Gottes.

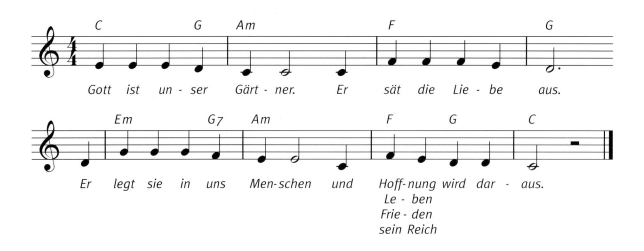

Gott ist un - ser Gärt - ner. Er sät die Lie - be aus.

Er legt sie in uns Men-schen und Hoff-nung wird dar - aus.
Le - ben
Frie - den
sein Reich

Bild an Tafel

Vögel auf de Ba
ruhe s. aus
brauche Sonne/Wärme
wie Ba, zu Lebe

großer Ba → Nistplatz für viele Vögel
Schatten

tiefe Wurzel → Wasser

↳ S.212 : Gleichnis erzähl.g

- Lied: Kleines Senfkorn 1.Str.

- Puzzletext zerschneide + ordnen
  Kontr. + aufkleben
  vorlesen

- Gebet (S.212)

- evtl. nochmal Kleines Senfkorn

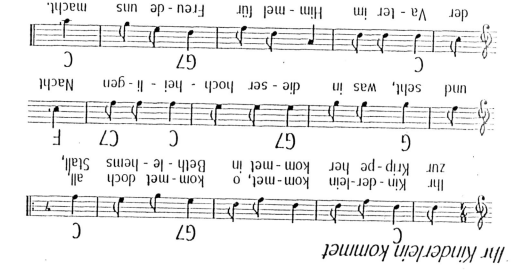

Ihr Kin-der-lein kom-met, o kom-met doch all,
zur Krip-pe her kom-met in Beth-le-hems Stall,
und seht, was in die-ser hoch-hei-li-gen Nacht
der Va-ter im Him-mel für Freu-de uns macht.

2. O seht in der Krippe im nächtlichen Stall,
seht hier bei des Lichtleins hellglänzenden Strahl
in reinlichen Windeln das himmlische Kind,
viel schöner und holder, als Engel es sind.

3. Da liegt es, das Kindlein, auf Heu und auf Stroh;
Maria und Joseph betrachten es froh,
Die redlichen Hirten knien betend davor;
hoch oben schwebt jubelnd der Engelein Chor.

4. O beugt wie die Hirten anbetend die Knie,
erhebet die Händlein und danket wie sie.
Stimmt freudig, ihr Kinder – wer sollt sich nicht freun?
stimmt freudig zum Jubel der Engel mit ein!

5. Was geben wir Kinder, was schenken wir dir,
du bestes und liebstes der Kinder, dafür?
Nicht willst du von Schätzen und Reichtum der Welt,
ein Herz nur voll Demut allein dir gefällt.

6. So nimm unsre Herzen zum Opfer denn hin,
wir geben sie gerne mit fröhlichem Sinn,
und mache sie heilig und selig wie deins,
und mach', sie auf ewig mit deinem vereini

71

*Mit dem Himmelreich
ist es wie mit dem Sauerteig.
Eine Frau mischt ihn
unter drei Scheffel Mehl,
bis alles durchsäuert ist.*

*Mit dem Himmelreich ist es wie mit
einem Schatz. Er ist in einem Acker ver-
graben. Ein Mann entdeckt ihn, gräbt
ihn aber wieder ein. In seiner Freude
geht er hin und verkauft alles, was er
besitzt, und kauft den Acker.*

*Mit dem Himmelreich ist es wie mit
einem Kaufmann, der schöne Perlen
sucht. Da findet er eine besonders wert-
volle Perle. Er geht hin, verkauft alles,
was er besitzt, und kauft die Perle.*

La la la la la la la la la la la la la la la la la

la la la la la la la la la la la la la la la la la la la.

Strophen

1. Wenn ei - ner sagt: „Ich mag dich, du, ich find dich ehr - lich

gut", dann krieg ich ei - ne Gän - se - haut und auch ein biß-chen Mut.

2. Wenn einer sagt: „Ich brauch dich,
du, ich schaff es nicht allein",
dann kribbelt es in meinem Bauch,
ich fühl mich nicht mehr klein. (Lalala...)

3. Wenn einer sagt: „Komm, geh mit mir,
zusammen sind wir was",
dann werd ich rot, weil ich mich freu,
dann macht das Leben Spaß. (Lalala...)

4. Gott sagt zu dir: „Ich hab' dich lieb
und wär so gern dein Freund.
Und das, was du allein nicht schaffst,
das schaffen wir vereint." (Lalala...)

Jesus, der Heiland, macht heil

Jesus lehrt am Sabbat in der Synagoge.
Dort ist auch eine kranke Frau.
Seit vielen Jahren kann sie sich nicht
aufrichten.
Jesus sagt zu ihr:
„Frau, du bist befreit von deiner
Krankheit."
Er legt ihr die Hände auf, und sie wird
gesund.

Durfte Jesus am Sabbat heilen?

74

1. Manch-mal bin ich blind. Ich weiß nicht aus noch ein.
Ich se-he al-les schwarz und kei-nen Son-nen-schein.

Refrain:

Dann such ich ei-nen Men-schen, der mir Hoff-nung gibt.
Der mich bei mei-nen Hän-den faßt und mich liebt.
Je-sus von Na-za-ret, —— hilf mir Herr!

2. Manchmal bin ich stumm. Es fehlt mir jedes Wort zu sagen, was mich ängstigt. Die Sprache – sie ist fort.

3. Manchmal bin ich lahm. Gelähmt sind Hand und Fuß. Ich kann es nicht vollbringen, was ich vollbringen muß.

4. Manchmal bin ich taub. Kein Wort trifft an mein Ohr. Hoffnung, Glauben, Liebe, ich habe sie verlorn.

5. Manchmal bin ich schwach. Ich fühl mich ausgesetzt, verstoßen und verachtet, verlacht und auch verletzt.

6. Manchmal bin ich tot, nicht tot an meinem Leib. In mir sind abgestorben, der Mut, die Lebensfreud.

Taufe schenkt Leben und Gemeinschaft

Lobe den Herrn, meine Seele!
Herr, mein Gott, wie groß bist du!

Du läßt die Quellen hervorsprudeln in den Tälern,
sie eilen zwischen den Bergen dahin.

Allen Tieren des Feldes spenden sie Trank,
sie stillen ihren Durst daraus.

An den Ufern wohnen die Vögel des Himmels,
aus den Zweigen erklingt ihr Gesang.

Du tränkst die Berge aus deinen Kammern,
aus deinen Wolken wird die Erde satt.

*Ich habe dich bei deinem
Namen gerufen – mein bist du.*

*Ich taufe dich im Namen des
Vaters und des Sohnes und
des Heiligen Geistes.*

*Ehre sei dem Vater und dem Sohn
und dem Heiligen Geist,
wie am Anfang, so auch jetzt
und alle Zeit und in Ewigkeit.
Amen.*

1. Ein klei - nes Kind, du gro - ßer Gott, kommt in dein Haus,
2. Es braucht die Kraft, du gro - ßer Gott, um weit zu geh'n.
3. Es braucht das Licht, du gro - ßer Gott, um dich zu fin - den.
4. Wir al - le hier, du gro - ßer Gott, wir brauchen dich.

1.-3. Herr, nimm es auf bei dir. Herr, nimm es auf bei dir.
4. Herr, nimm uns auf bei dir. Herr, nimm uns auf bei dir.

EIN ALTER SEGENSSPRUCH

Der Herr sei vor dir,
um dir den rechten Weg zu zeigen.

Der Herr sei neben dir,
um dich in die Arme zu schließen
und dich zu schützen.

Der Herr sei hinter dir,
um dich zu bewahren
vor der Heimtücke böser Menschen.

Der Herr sei unter dir,
um dich aufzufangen, wenn du fällst,
und dich aus der Schlinge zu ziehen.

Der Herr sei in dir,
um dich zu trösten,
wenn du traurig bist.

Der Herr sei um dich herum,
um dich zu verteidigen,
wenn andere über dich herfallen.

Der Herr sei über dir,
um dich zu segnen.

So segne dich der gütige Gott.

Amen.

Du kannst etwas:
Musik machen,
basteln,
singen,
tanzen.

Mach mit!
Die Gemeinde braucht dich
und freut sich auf dich.

2. Gott baut ein Haus, das lebt;
wir selber sind die Steine,
sind große und auch kleine,
du und ich.

3. Gott baut ein Haus, das lebt,
aus ganz, ganz vielen Leuten,
die in verschiedenen Zeiten
hörten von Jesus Christ.

83

Abraham vertraut auf Gott

A - bra - ham, A - bra - ham, ver - laß dein Land und dei - nen Stamm!

A - bra - ham, A - bra - ham, ver - laß dein Land und dei - nen Stamm!

Mach dich auf die lan - ge Rei - se in ein Land, das ich dir wei - se.

Du sollst ge - gen al - len Schein Va - ter ei - nes Vol - kes sein.

2. Abraham, Abraham, verlaß dein Land und deinen Stamm. Abraham, Abraham, verlaß dein Land und deinen Stamm.
Ich versprech dir meinen Segen, bin mit dir auf allen Wegen, alle Menschen, groß und klein, solln in dir gesegnet sein.

3. Abraham, Abraham, verläßt sein Land und seinen Stamm. Abraham, Abraham, verläßt sein Land und seinen Stamm.
Auf das Wort hin will er's wagen, ohne Klagen, ohne Fragen steht er auf und zieht er fort, Kompaß ist das Gotteswort.

ABRAHAM VERTRAUT GOTT UND GLAUBT IHM

Abraham wohnte in dem Land zwischen den Flüssen Eufrat und Tigris. Er besaß Herden von Schafen und Ziegen.
Er hatte Esel und Kamele. Knechte und Mägde dienten ihm.

Gott sprach zu Abraham:

„Zieh weg aus deinem Land, weg von deiner Verwandtschaft, weg von deinem Vaterhaus. Zieh in das Land, das ich dir zeigen werde. Ich werde dich zu einem großen Volk machen. Ich werde dich segnen und deinen Namen berühmt machen. Ein Segen sollst du sein. Durch dich sollen alle Völker der Erde Segen erlangen."

Da zog Abraham weg,
wie der Herr es gesagt hatte.

Abraham nahm seine Frau Sara mit, sei-
nen Neffen Lot und alle Habe, die sie
erworben hatten. Sie wanderten nach
Kanaan und kamen dort an.
Da erschien der Herr dem Abraham und
sprach:
„Deinen Nachkommen gebe ich dieses
Land."

Und Abraham baute dem Herrn einen
Altar und rief den Namen des Herrn an.
Der Herr sprach zu Abraham:
„Blicke auf, schau nach Norden und
Süden, nach Osten und Westen. Das
ganze Land, das du siehst, will ich dir
und deinen Nachkommen für immer
geben. Ich mache sie so zahlreich wie
den Staub auf der Erde. Mach dich auf!
Durchzieh das Land in seiner Länge und
Breite! Dir werde ich es geben."
Da zog Abraham mit seinen Zelten
weiter.

Abraham ließ sich bei den Eichen von Mamre in der Stadt Hebron nieder. Auch dort baute er dem Herrn einen Altar. Noch einmal erschien der Herr dem Abraham bei Nacht und sprach: „Fürchte dich nicht, Abraham, ich bin dein Schild. Dein Lohn wird groß sein."
Da antwortete Abraham: „Ach, Herr, was willst du mir schon geben? Ich bin kinderlos. Du hast mir ja keine Nachkommen geschenkt. Mein Knecht wird mein einziger Erbe sein."
Da führte ihn der Herr hinaus und sprach: „Sieh doch zum Himmel hinauf und zähle die Sterne, wenn du sie zählen kannst. So zahlreich werden deine Nachkommen sein."
Und Abraham glaubte dem Herrn.

*Da machte der Herr
Abraham zu seinem Freund.*

Der Herr erschien dem Abraham bei den Eichen von Mamre. Abraham saß zur Zeit der Mittagshitze am Zelteingang. Er blickte auf und sah drei Männer stehen. Da lief er ihnen entgegen, warf sich auf die Erde nieder und sagte: „Mein Herr, geh doch an deinem Knecht nicht vorbei! Man wird etwas Wasser holen, dann könnt ihr euch die Füße waschen und unter dem Baum ausruhen. Ich will einen Bissen Brot bringen, dann könnt ihr euch stärken und weitergehen.“

Und sie erwiderten: „Tu, wie du gesagt hast.“ Da lief Abraham eilig ins Zelt zu Sara und rief: „Schnell, drei Maß feines Mehl! Rühr es an und backe Brotfladen!“ Und er nahm ein prächtiges Kalb und gab es seinem Knecht zum Zubereiten. Dann nahm Abraham Butter, Milch und das zubereitete Kalb und setzte es ihnen vor. Er bediente sie.

Die drei Männer fragten Abraham: „Wo ist deine Frau Sara?" Und er sagte: „Dort im Zelt." Da sprach der Herr: „In einem Jahr komme ich wieder zu dir. Dann wird Sara einen Sohn haben." Sara hörte diese Worte am Zelteingang. Sie lachte in sich hinein. Da fragten die Männer: „Warum lacht Sara? Ist bei Gott etwas unmöglich?" Sara bekam Angst. Sie sagte: „Ich habe nicht gelacht!"

Wie der Herr versprochen hatte, so geschah es. Sara brachte nach einem Jahr einen Sohn zur Welt. Abraham nannte ihn Isaak. Sara aber sagte: „Ein Lachen hat mir Gott geschenkt. Wer davon hört, wird mit mir lachen. Wer hätte das gedacht? Wer hätte gedacht, daß wir noch im hohen Alter einen Sohn bekommen?" Isaak wuchs heran. Abraham veranstaltete ein großes Fest für seinen Sohn, den er lieb hatte. So hatte sich Gottes Verheißung erfüllt.

Viele Wege muß ich gehen.
Herr, geh du mit mir!
Kann mein Aug' dich auch nicht sehen,
ich vertraue dir.

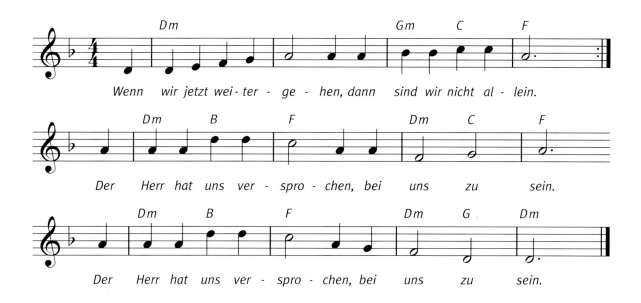

Wenn wir jetzt wei - ter - ge - hen, dann sind wir nicht al - lein.

Der Herr hat uns ver - spro - chen, bei uns zu sein.

Der Herr hat uns ver - spro - chen, bei uns zu sein.

2. I: Wir nehmen seine Worte und Taten mit nach Haus. :I
Und richten unser Leben nach seinem aus.
Und richten unser Leben nach seinem aus.

3. I: Er hat mit seinem Leben gezeigt, was Liebe ist. :I
Bleib bei uns heut und morgen, Herr Jesu Christ.
Bleib bei uns heut und morgen, Herr Jesu Christ.

DIE BILDER
VON ANDREAS FELGER

*(Vorangestellte Zahlen beziehen
sich auf die jeweilige Buchseite)*

TEXTNACHWEIS

6 „Eva": Schülerbeitrag. Rechte: Jutta Modler, Wien

8 „Am Graben": H. Baumann, in: H. Baumann, Schlafmützenbuch für Kinder, Annette Betz Verlag, Wien 1974

10 „Wie du mir, so ich dir": J. Paul, in: J. Modler, Frieden fängt zu Hause an, Verlag Herder, Wien 1985

11 „Friedensfest": R. Welsh, in: J. Modler, Frieden fängt zu Hause an, Verlag Herder, Wien 1985

12 „Spuren im Sand": Frère Roger (Taizé)

22 „Hol doch deinen Bruder an den Tisch!", in: W. Bauer, Der Tag bricht an, Don Bosco Verlag, München 1983. Rechte: E. Hampe

28 „Das Rosenwunder": B. Cratzius, in: B. Cratzius, Mit Kindern Heilige feiern, Verlag Herder, Freiburg 1984

30 „Nikolaustag": H. König, in: H. König, Das große Jahrbuch für Kinder, Kösel-Verlag, München 1994

33 „Helfen ist wichtiger..." (als Gebote einhalten): I. Ryssel, in: W. Gerts, Religion – spielen und erzählen, Band 1, Gütersloher Verlagshaus, Gütersloh 1992

34 „Advent und Weihnachten feiern" („Ein Licht leuchtet im Dunkeln auf, Jesaja 9,1–6"): V. Fritz, in: R. Krenzer und V. Fritz, 100 einfache Texte zum Kirchenjahr, Ernst Kaufmann Verlag, Lahr / Kösel-Verlag, München 1983. Rechte: R. Krenzer, Dillenburg

35/36 „Advent und Weihnachten feiern" („Ein Licht leuchtet im Dunkeln auf, Jesaja 9,1–6"): R. Krenzer, in: R. Krenzer und V. Fritz, 100 einfache Texte zum Kirchenjahr, Ernst Kaufmann Verlag, Lahr / Kösel-Verlag, München 1983. Rechte: R. Krenzer, Dillenburg

41 „Sternsinger an der Tür": Kindermissionswerk (Aachen), in: Wir sagen Euch an: Advent – ein Wegbegleiter für Eltern und Kinder durch die Advents- und Weihnachtszeit 1989/90, Bonifatius Verlag, Paderborn 1989

48 „Etwas Schreckliches ist geschehen": U. Brüne-Rottner, in: Spatz, Klens-Verlag, Düsseldorf 1994

52 „Die Tür": in: E. Bihler, Kommt und seht. Werkbuch zur Erstkommunion- und Beichtvorbereitung für Eltern und Kinder, Lahn-Verlag, Limburg 1991

56 „Jesus, du hast viel leiden müssen": G. Lorenz, in: R. Krenzer, Regenbogen bunt und schön, Ernst Kaufmann Verlag, Lahr 1981

60 „Mutter": Jella Lepmann (Laura), Kinder sehen unsere Welt, Ullstein Verlag, Berlin

66 „Angst": H.-J. Frisch, in: Gebetbuch für Kinder – Wir rufen zur dir, August Bagel Verlag, Düsseldorf 1980

68 „Die Schlüssel zum Himmel" (Himmelsschlüssel): M. Kyber, in: M. Kyber, Gesammelte Tiergeschichten, Rowohlt Verlag, Reinbek 1972

81 „Ein alter Segensspruch": Herkunft unbekannt

Trotz gewissenhafter Bemühungen ist es dem Verlag in einzelnen Fällen nicht gelungen, die Rechtsinhaber zu finden. Wir bitten die jeweiligen Rechtsinhaber, sich gegebenfalls mit dem Verlag in Verbindung zu setzen.

LIEDNACHWEIS

9 „Ich gebe dir die Hände": Text: Rolf Krenzer (geb. 1936); Melodie: Ludger Edelkötter (geb. 1940). Alle Rechte im Impulse-Musikverlag, Drensteinfurt

16 „Jesus, komm und geh mit mir": Text und Melodie: Helga Storkenmaier. Rechte: Erzbischöfliches Ordinariat München

19 „Effata, öffne dich": Text und Melodie: Franz Kett. Rechte: Religionspädagogische Arbeitshilfen GmbH (RPA Verlag), Landshut

25 „Brot in meiner Hand": Text: Hanni Neubauer; Melodie: Franz Kett. Rechte: Religionspädagogische Arbeitshilfen GmbH (RPA Verlag), Landshut

26 „Ein armer Mann": Text: Rolf Krenzer; Melodie: Peter Janssens, aus: Kommt alle und seid froh, 1982. Rechte: Peter Janssens Musik Verlag, Telgte-Westfalen

32 „Gott, du hast uns Augen gegeben": Text: Horst Wicking (Str. 1–3), Ursula Bangert (Str. 4); Melodie: Klaus Theyßen. Rechte: Bonifatius GmbH, Paderborn

47 „Der Josef hat viel mitgemacht": Text: Rolf Krenzer; Melodie: Peter Janssens, aus: Josef zwischen Wohlstaat und Armewelt, Peter Janssens Musikverlag, Telgte-Westfalen

54 „Jesus zieht in Jerusalem ein": Text : Gottfried Neubert (zu Matthäus 21,1–11); Melodie: Gottfried Neubert (gest. 1983). Rechte: Christophorus-Verlag, Freiburg/Br.

56 „Jesus, du hast viel leiden müssen": Text und Melodie: Gertrud Lorenz. Rechte bei der Autorin

60 „Mutter Gottes, wir rufen zu dir": Abtei Grüssau in Bad Wimpfen, Verlag für Liturgik, Grüssau 1935, in: Beiheft zum Gotteslob für das Erzbistum Freiburg, Erzbischöfliches Seelsorgeamt Freiburg im Breisgau

67 „Der Herr ist mein Hirte": Text: M. Geiger (nach Ps 23); Melodie: J. Kindt. Rechte bei den Autoren

70 „Gott ist unser Gärtner": Text und Melodie: Margret Eder. Rechte: Religionspädagogische Arbeitshilfen GmbH (RPA Verlag), Landshut

73 „Wenn einer sagt: Ich mag dich" (Kindermutmachlied): Text und Melodie: Andreas Ebert. Rechte: Hänssler-Verlag, Neuhausen-Stuttgart

75 „Manchmal bin ich blind": Text und Melodie: Franz Kett. Rechte: Religionspädagogische Arbeitshilfen GmbH (RPA Verlag), Landshut

80 „Ein kleines Kind, du großer Gott": Text: Rosemarie Bottländer-Harbert; Melodie: Gerhard Blank. Rechte: Autorin (T.) und Strube Verlag GmbH, München/Berlin (M.)

82 „Gott baut ein Haus": Text und Melodie: Waltraud Osterlad. Rechte bei der Autorin

84 „Abraham, Abraham, verlaß dein Land": Text: Hanna Lam (OT); Dithard Zils (dt. T.); Melodie: Wim ter Burg. Rechte: G.S. Callenbach, NL-Nijkerk (M +OT); Gustav Bosse Verlag, Kassel (dt. T.)

92 „Wenn wir jetzt weitergehen": Text und Melodie: Kurt Rommel. Rechte: Strube Verlag GmbH, München/Berlin (T), Christophorus Verlag, Freiburg (M)

Trotz gewissenhafter Bemühungen ist es dem Verlag in einzelnen Fällen nicht gelungen, die Rechtsinhaber zu finden. Wir bitten die jeweiligen Rechtsinhaber, sich gegebenenfalls mit dem Verlag in Verbindung zu setzen.